BEI GRIN MACHT SICH IHR WISSEN BEZAHLT

- Wir veröffentlichen Ihre Hausarbeit,
  Bachelor- und Masterarbeit

- Ihr eigenes eBook und Buch -
  weltweit in allen wichtigen Shops

- Verdienen Sie an jedem Verkauf

Jetzt bei www.GRIN.com hochladen und kostenlos publizieren

Bibliografische Information der Deutschen Nationalbibliothek:

Die Deutsche Bibliothek verzeichnet diese Publikation in der Deutschen National-
bibliografie; detaillierte bibliografische Daten sind im Internet über http://dnb.d-
nb.de/ abrufbar.

Impressum:

Copyright © 2017 GRIN Verlag
Druck und Bindung: Books on Demand GmbH, Norderstedt Germany
ISBN: 9783668821255

Dieses Buch bei GRIN:

https://www.grin.com/document/445637

Mert Erdogan

Das Smart Home. Definition, Aufbau und Nutzung

GRIN Verlag

GRIN - Your knowledge has value

Der GRIN Verlag publiziert seit 1998 wissenschaftliche Arbeiten von Studenten, Hochschullehrern und anderen Akademikern als eBook und gedrucktes Buch. Die Verlagswebsite www.grin.com ist die ideale Plattform zur Veröffentlichung von Hausarbeiten, Abschlussarbeiten, wissenschaftlichen Aufsätzen, Dissertationen und Fachbüchern.

Besuchen Sie uns im Internet:

http://www.grin.com/

http://www.facebook.com/grincom

http://www.twitter.com/grin_com

Universität Siegen

Nutzerorientierte Gestaltung von Home Care-Anwendungen

Seminararbeit im Bereich
Smart Home

vorgelegt von: Mert Erdogan

Abgabetermin : 31.08.2ß17

Inhaltsverzeichnis

1 Motivation

Einerseits hat das Thema Smart Home mich insofern beeindruckt, da ich selbst ein sehr effizient denkender Mensch bin. Ein intelligentes Zuhause kann einem den Alltag erleichtern, wodurch mehr Zeit für persönlich relevante Aspekte entstehen wie Hobbies, die Arbeit oder die Familie. Andererseits existiert jedoch noch ein Grund, der nicht mich selbst betrifft. Mein Großvater leidet seit geraumer Zeit an Demenz und kämpft mit immer stärker werdenden körperlichen Einschränkungen. Der Weg ins Altenheim ist keine Option für ihn. Jedoch ist deutlich, dass eine mobile Pflegekraft bei seinem Zustand langfristig nicht finanzierbar ist, da seine Selbstständigkeit mehr und mehr nachlässt. Während ich überlegte, ob ich mich nun auf das Thema Smart Home festlegen möchte, fand ich bei der Suche weiterer Literatur Artikel zum Ambient Assisted Living. Daraufhin stand meine Entscheidung fest.

2 Einleitung

Die vorliegende Arbeit befasst sich mit dem Thema Smart Home. Die Arbeit verläuft von der technischen Grundlage bis hin zur praktischen Anwendung und Nutzung. Bevor sie mit dem Hauptteil beginnt, soll zunächst deutlich werden was Smart Home überhaupt ist und was darunter verstanden werden kann. Welche Ziele werden von Smart Home Systemen konkret verfolgt und mit welchen Problemen sind diese verbunden? Da nun die Ziele von Smart Home Systemen bekannt sind, folgt der Aspekt der technischen Komponente. Welche Arten von Übertragungssystemen können zur bestmöglichen technischen Umsetzung genutzt werden, weswegen gibt es verschiedene Systemanordnungen und wofür gibt es überhaupt ein Netzwerksystem?

Aufgrund der Kenntnisse von Netzwerksystemen und unterschiedlicher Übertragungssysteme befasst sich der darauf folgende Abschnitt mit konkreten Systemen für die Einführung von Smart Home. Wird zwischen Smart Home Systemen unterschieden, und wenn ja, aus welchem Grund? Das Kapitel darauf befasst sich mit dem Smart Grid. Es wird erörtert welche Rolle das Smart Grid im Smart Home spielt, was für Risiken und Herausforderungen mit dem Smart Grid in Verbindung stehen.

Da bis jetzt in den vorherigen Kapiteln Smart Home überwiegend technisch erörtert wurde, wo der Nutzer bzw. Anwender der Smart Home Systeme außen vor blieb, findet ein Übergang in die praktische Umsetzung statt. Trotz vielfältiger Technologie und immer fortschreitender Entwicklung in der Technik, steigt die erhoffte Nachfrage nicht dementsprechend. In diesem Abschnitt sollen mögliche Problemlösungen als Ansätze in der Forschung des Living Labs als „Nutzerintegration" dargestellt und verständlich gemacht werden.

Der letzte Abschnitt des Hauptteils befasst mit einem der Ziele des Smart Homes, dem Ambient Assisted Living (AAL). Es werden mehrere Studien und Projekte mit unterschiedlichen Schwerpunkten fürs AAL vorgestellt und die verschiedenen Sichtweisen der Autoren deutlich gemacht. Ziel dieses Abschnittes ist es, erkennen zu können, ob dass AAL einen Mehrwert für Senioren generieren kann. Zu guter letzt folgt ein abschließendes Fazit, in der die wichtigsten Information zusammengefasst widergespiegelt werden sollen.

2.1 Was ist Smart Home?

Bis Heute gibt es weder in Fachartikeln noch in Büchern eine einheitlich nutzende Definition für den Begriff Smart Home. Es existieren eine Reihe von Synonymen wie Home of Future, intelligentes Wohnen oder Connected Home. [1]

Auch im wissenschaftlichen Bereich konnte sich keine anerkannte Begriffsbezeichnung erkennen lassen. In öffentlichen Diskussionen werden unterschiedliche Bezeichnung wie Home-Automation, Smart Living oder Hausautomatisierungen benutzt, obwohl all diese differenzierenden Fachbegriffe unter der gleichen Thematik aufgefasst werden. [2] Mit „Smart Home" werden Wohnhäuser bezeichnet, die mit unterschiedlichen Systemen zur Automatisierung von Abläufen führen. Das Ziel dieser Abläufe ist eine Verbesserung der Wohn- und Lebensqualität für die Bewohner. Das Institut für Innovation und Technik in Berlin hat eine sehr präzise Definition für den Begriff Smart Home:

„Das Smart Home ist ein privat genutztes Heim (z. B. Eigenheim, Mietwohnung), in dem die zahlreichen Geräte der Hausautomation (wie Heizung, Beleuchtung, Belüftung), Haushaltstechnik (wie z.b. Kühlschrank,Waschmaschine), Konsumelektronik und Kommunikationseinrichtungen zu intelligenten Gegenständen werden, die sich an den Bedürfnissen der Bewohner orientieren. Durch Vernetzung dieser Gegenstände untereinander können neue Assistenzfunktionen und Dienste zum Nutzen des Bewohners bereitgestellt werden und einen Mehrwert generieren, der über den einzelnen Nutzen, der im Haus vorhandenen Anwendungen hinausgeht." [1, S. 8]

2.2 Ziele von Smart Home Systemen

Die Einsatzmöglichkeiten von Smart Home Systemen werden näher von den Autoren Leitner, Hitz et al. erläutert, wobei sie auf die Frage eingehen, was Nutzer sich nun konkret vorstellen? Eine erste Überlegung wäre mit Sicherheit, dass es sich um die Vereinfachung des Lebens in der eigenen Umgebung handeln muss. Komplizierte und lästige Steuerung sind kein Alltagsproblem mehr, die Heizung passt sich automatisch der aktuellen Temperatur an, der dauerhafte Weg zum Lichtschalter erübrigt sich, da die künstliche Intelligenz sich nun um diese Probleme kümmert. Dieser Bereich wird unter dem Begriff „Smart Living" aufgefasst.

Ein weiterer Bereich der Ziele von Smart Home Systemen ist das „Ambient Assisted Living", was zur Unterstützung von beeinträchtigten und älteren Menschen agieren sollen. In diesem Fall handelt es sich nicht nur um die Vereinfachung, sondern um die Realisierung des Alltags. [3]

2.2.1 Smart Living

In öffentlichen Einrichtungen und im Unternehmensbereich gab es erste Forschungsaktivitäten für smarte Applikationen und Systeme. Konkrete Ziele konnten hier besonders einfach bestimmt werden, da jeweilige Anforderungen fast exakt von der Unternehmensstruktur vorgegeben waren. Die Effektivität durch Einführung neuer Systeme konnte auch leicht ermittelt und anhand von Werten wie Gewinn, Produktivität und Effizienz bewertet werden.

Im Privatbereich jedoch stößt man auf einige Probleme, weswegen angestrebte Ziele nicht mehr einfach definierbar und messbar sind. Produktivität und Gewinn besitzen keine entscheidende Rolle mehr. Menschen werden sich in ihrer Freizeit nicht an vorgegebene Abläufe halten, die zur Verfügung stehende Zeit wird nach jeweiligem Interesse und Vorhaben eingeteilt. Ungeplante Aktivitäten finden zu unbestimmten Zeiten statt, weswegen kein eindeutiges Muster entstehen kann. Somit wird die Herausforderung zur Entwicklung von Smart Home Systemen deutlich komplexer und umfangreicher. [4]

Ein weiterer komplizierter Aspekt ist auch in den verschiedenen Interessen der Bewohner zu erkennen, da in einem Privathaushalt klassischerweise mehrere Personen mit unterschiedlichen Vorlieben leben. Deutlich wird, dass die Anpassung der Umgebung nicht auf einen Benutzer oder eine konkrete Gruppe von Benutzern möglich ist, sondern ein familiäres Zusammenleben realisieren muss. [5] Bei Ringbauer et al. wird darauf verwiesen, dass die Problematik eines Haushalts mit vollständiger Vernetzung enorm hoch ist. Zudem muss bei simultaner Nutzung mehrerer Geräte ebenfalls die Zusammensetzung berücksichtigt werden. Das Ziel des Smart Livings ist die Erleichterung des Alltags, jedoch ist dies nicht problemlos zu realisieren. [6]

2.2.2 Ambient Assisted Living

In diesem Bereich von den Smart Home Zielen handelt es sich speziell um geistig und gesundheitlich beeinträchtigte und ältere Menschen. Es existieren viele bekannte Beispiele betroffener Personen, bei denen bekannt ist, dass sie in der Lage sind akzeptabel in ihrer gewohnten Umgebung leben zu können, aber die Gefahr gegeben ist, dass sie in einige Situationen im Alltag geraten, welche selbst nicht zu bewältigen sind. Aufgrund der hohen Kosten für eine Pflegekraft, werden sie letztlich dazu gedrängt, in eine Pflegeeinrichtung zu ziehen. Da der Anteil älterer Menschen bevölkerungsgemäß immer mehr ansteigt, steigen somit auch die Kosten für die Pflege. Entsprechend dazu entwickelt sich die Technik stetig weiter und wird kostengünstiger für die Nutzer. Folglich lohnt es sich gerade für diese betroffenen Menschen, ihr gewohntes Zuhause in ein Smart Home zu erweitern, um das alltägliche Leben zu bewältigen. [3]

Im AAL stößt man jedoch auch auf gewisse Probleme. Bei den Benutzern von AAL handelt es sich um ältere Menschen, welche anfangen vergesslicher zu werden, teils skeptisch gegenüber Technik sind oder nicht mehr in der Lage sind, sich gewisse Dinge in der Steuerung einzuprägen wie z.B. , ob nun ein Mausklick oder Doppelklick das Licht einschaltet. Es lässt sich erkennen, dass die Interaktion dieser unterstützenden Systeme bezüglich jeweiliger Benutzer angepasst werden müssen. [7]

3 Technische Grundlagen

In diesem Kapitel werden technische Aspekte des Smart Homes näher beleuchtet und untersucht. Angefangen mit Netzwerk- und unterschiedlichen Übertragungssystemen, wo ebenfalls auch die Anordnungen dieser Systeme betrachtet werden [8,9,10], bis hin zu konkreten Smart Home Systemen und dem Smart Grid. Mithilfe des Abschnitts der Smart Home Systeme soll deutlich werden, dass es jeweilige Vor,- Nachteile und Unterschiede zwischen den einzelnen Systemen untereinander gibt. [11] Weiterhin soll das Smart Grid erörtert werden, speziell in den Aspekten was es für eine Rolle spielt für das Smart Home und welche Herausforderungen und Risiken damit verbunden sind. [24,25,26]

3.1 Netzwerk- und Übertragungssysteme

Wenn Smart Home Anwendungen vernetzt werden, kommen verschiedene Netzwerktechnologien zum Einsatz. Zudem sollte die Anordnung des Systems konkret geplant werden, um Probleme möglichst zu vermeiden. Die praxisnahe Umsetzung der Netzwerktechnologien ist auf unterschiedlichen Arten möglich. Bei der Übertragung kann es sich um drahtgebunde Busleitungen handeln, drahtlose funkbasierte Bussysteme und oder um Stromnetzsysteme {Powerline}. Die differenzierten Systeme können sowohl einzeln als auch in Kombination von Gebäudeautomatisationssystemen integriert werden. Hier entscheidet nun der Nutzer, welche Auswahl für ihn speziell am relevantesten bzw. nützlichsten zu erachten ist. [8,9]

Mithilfe der Netzwerksysteme können unterschiedliche Steuerungs- und Überwachungsfunktionen miteinander vernetzt werden, wo die Anordnung keine Rolle spielt, das heißt ob es z.b. eine zentrale oder dezentrale Anordnung wäre. [10]
Somit entstehen für den Nutzer beliebig viele Möglichkeiten, gewisse Steuerung von beispielsweise Fenstern, Heizungssystemen, Alarmsysteme oder Bildübertragungen von internen Kameras abzurufen. Ebenfalls muss auf die Leistungsfähigkeit der Netzwerksysteme bezüglich verschieden großer Datenkapazitäten geachtet werden. Steuerungs- und Überwachungssysteme benötigen keine solch großen Datenübertragungsraten wie die Kommunikationssysteme für Videoübertragungen. [8]

3.1.1 Anordnungen von Systemen

Es existieren verschiedene Arten von Systemanordnungen, wobei jede Anordnung eigene Vor- und Nachteile mit sich bringt. Die zentrale Systemanordnung besitzt eine bis mehrere Zentralen. Hier werden Funktionsanforderungen von den Sensoren an die Aktoren über eine Zentrale weitergeleitet. Aufgrund der starken Angebotsdichte in der Automation sind die Kosten bei solch einem Systemaufbau sehr gering, jedoch darf man nicht vergessen, dass durch einen Schaden an der Zentrale automatisch auch ein vollständiger Systemausfall stattfindet. [10]

Dezentrale Systeme werden als dynamische Systeme betrachtet, die eine verteilte Intelligenz besitzen. Hier besteht jeder einzelne Automationsteilnehmer aus mindestens einem Anwendungs-, Funktions- und Kommunikationsprozessor.
Aufgrund dieser Eigenschaft entstehen hier deutlich höhere Kosten als bei zentralen Systemen. Die einzelnen Komponenten kommunizieren über ein Segment, über diese letztlich alle unterschiedlichen Informationen ausgetauscht werden. Somit lassen sich direkte Verknüpfungen zwischen Aktoren und Sensoren einfacher realisieren. Bekannt ist jedoch, dass sich diese Struktur schlecht auf die Integration von Smart Meter Systemen auswirkt. [10]

Halbzentrale und Halbdezentrale Systeme bestehen aus mehreren Controllern, die wiederum in verschiedenen Etagen eines Gebäudes angeordnet sind. Folglich kommt es dazu, dass sich die Funktionalität der Sensoren auf zusätzlich eingerichtete Controller verteilen kann. Namenhafte Systeme sind aktuell von Beckhoff und WAGO. Durch die Kostenvorteile beider Hersteller bei Controllern wird dem Nutzer die Möglichkeit gegeben, ein zentrales Systemen ohne große Probleme in eine halbdezentrale Struktur zu verändern.
Dadurch können die Hindernisse einer zentralen Struktur größtenteils minimiert werden. Wegen der Funktionalitätsvielfalt solch einer Hausautomatisationsstruktur ist diese Version der Vernetzung optimal für Smart Home Anwendungen geeignet. [10]

3.1.2 Bussysteme

Ein Bussystem bezeichnet eine zentrale Steuerung von elektrisch betriebenen Geräten innerhalb eines Haushaltes. Drahtgebundene Systeme sind bei einem Neubau immer vorteilhafter als drahtlose Systeme. Dem Nutzer sollte bewusst sein, dass sowohl eine stärkere Sicherheit als auch eine bessere Kontinuität in der Übertragungsqualität entsteht bei der Wahl von drahtgebunden Systemen. Weiterhin werden Störungen und Unterbrechungsfehler besser vermieden, als bei drahtlosen Systemen. [9, 10]

3.1.3 Funkbasierte Bussysteme

Jedoch haben drahtlose Systeme ebenfalls ihre Vorzüge. Drahtlose Installation wäre nachträglich deutlich kostengünstiger und komfortabler zu integrieren. Es entsteht kein Verkabelungsaufwand. die Brandlast durch Kabel wird reduziert und die jeweiligen Geräte können bei Bedarf einfacher umplatziert werden. [10]

3.1.4 Stromnetzsysteme

Bei dieser Systemeinrichtung werden die Leitungen verwendet, welche sich schon innerhalb des Gebäudes befinden. Diese Variante bietet sich speziell bei Nachrüstungen existierender Gebäude an, weil keine großen Veränderungsmaßnahmen notwendig sind.
Stromnetzsysteme ähneln den Funktionsweisen von gängigen Modems. [9]
Die Datenübertragung funktioniert durch die Anbringung von Adaptern an Steckdosen, die das digitale Signal in ein analoges Signal modulieren und über das gesamte Stromnetz verteilen. Letztlich wird das Signal, welches nun analog ist, durch einen Adapter am Empfangsort wieder in ein herkömmliches digitales Signal verändert.
Die Stromnetzsysteme können jedoch durch elektromagnetische Felder beeinflusst werden, was zu Systemausfällen führen kann. [9]

3.2 Smart Home Systeme

Bei Smart Home Systemen wird zwischen zwei Arten unterschieden. Zum einen gibt es proprietäre Funksysteme wie das HomeMatic und zum anderen standardbasierte Funksysteme wie den Z-Wave. Proprietäre Funksysteme sind das geistige Eigentum eines einzelnen Anbieters. Hier ist der Kunde darauf angewiesen, dass „sein" Hersteller alles anbietet, was er benötigen könnte. Als Kunde muss man auch das Vertrauen haben, dass der Hersteller seine Produkte für viele weitere Jahre anbietet, falls Ersatzteile benötigt werden oder man etwas ausbauen möchte.
Standardisierte Systeme hingegen sind Funksysteme, welche auf veröffentlichen Standards basieren. Hier bieten viele Hersteller kompatible Produkte an, so dass das Angebot deutlich breiter ist und der Kunde nicht beschränkt auf einen einzelnen Hersteller ist.[11]

3.2.1 HomeMatic

Das HomeMatic-System wurde vom deutschen Unternehmen eQ-3 entwickelt, speziell für Anwendungen in der Gebäudeautomation. Auf der technischen Ebene wird das System auch als „BidCoS" bezeichnet, was eine Abkürzung für „bidirectional communication system" ist. Das BidCoS ermöglicht diverse Haussteuerungen für den Alltag. Beispiele hierfür wären Dimmen von

Licht, Schutz vor Einbruch oder Absicherungen bei Gefahren gegen Rauch oder Gas. Das System besteht aus batterie- und netzbetriebenen Komponenten und durch die bidirektionale Kommunikation, dass der Empfänger die gesendeten Funksignale bestätigt, wird die Funktionssicherheit erhöht. Es verwendet zudem das AES-Verfahren zur Verschlüsselung. Das System ist ebenfalls auf den Betrieb zwischen den batteriebetriebenen Geräten ausgelegt, damit der Stromverbrauch der jeweiligen einzelnen Komponenten gering bleibt und folglich die Batterien lange genutzt werden können. Dies ersetzt jedoch nicht die Tatsache, dass die Batterien nie erneuert werden müssen.

HomeMatic besitzt zudem im Vergleich zum Z-Wave gewisse Aktoren, die zeitgesteuerte Funktionen autonom ausführen können. Beispielsweise können Treppenlichtfunktionen von Bewegungsmeldern in Dimmern und Schalten konfiguriert werden oder Thermostate von Heizkörpern führen unterschiedliche Wochenprogramme autonom aus, so dass Anpassungen vorbestimmt werden können.

3.2.2 Z-Wave

Der Z-Wave stellt einen Hausautomatisierungsstandard für die drahtlose Steuerung in privaten Haushalten dar. Durch den Z-Wave Funkstandard gelingt es, eine einheitliche Bedienung für das Smart Home zu schaffen. Die Geräte verschiedener Hersteller aus beliebigen Bereichen der Hausautomation können somit miteinander integriert und bedient werden. Jeweilige Aktoren und Sensoren kommunizieren sowohl mit der Steuerungseinheit als auch untereinander, was zu einem stabilen Smart Home Netz führt.
Der Z-Wave bietet zuverlässige Zwei-Wege-Kommunikation an durch die Nutzung von Empfangsbestätigungen und eines funkvernaschten Netzes. [11]

Mehr als 300 Hersteller bilden eine Z-Wave Allianz, die durch drahtlose Funkstandards miteinander kommunizieren. Der Sitz dieser Allianz befindet sich in Kalifornien (USA) und die sechs Hauptmitglieder dieses Zusammenschluss sind die Unternehmen Sigma Designs, Makro, Evolve, Ingersoll-Rand, Vasco Products Company und Nortek. Die Aufgabenbereiche der Allianz sind Weiterentwicklungen des Z-Wave Funkstandards und gemeinsame Marketingpläne.

Der Z-Wave verwendet ein Frequenzband von 868 MHz und vermeidet folglich die deutlich überfüllten 2.4 GHz- Frequenzen, welche vom WLAN und anderen Smart Home Systemen wie dem ZigBee genutzt werden. Der Preis der Funktechnologie ist sicherlich teurer als der von einfachen analogen Technologien, jedoch deutlich günstiger als vergleichbare Geräte wie dem EnOcean oder dem HomeMatic.
Das Hauptargument des Z-Wave laut des Autoren Pätz ist, dass es 100% Kompatibilität verspricht. Alle Geräte, die mit Z-Wave arbeiten, können ohne Einschränkungen in genau einem Netzwerk funktionieren. Zudem können sie mit jedem Steuerelement, das auch vom Z-Wave verwendet wird, gesteuert werden. [11]

3.3 Smart Grid

„Mit Smart Grid wird ein elektrisches Netz bezeichnet, das die Produktion, den Verbrauch und die Speicherung von Strom miteinander verbindet und zentral koordiniert. Smart Grids sind Stromnetze, die durch ein abgestimmtes Management mittels zeitnaher und bidirektionaler

Kommunikation zwischen Netzkomponenten, Erzeugern, Speichern und Verbrauchern einen energie- und kosteneffizienten Systembetrieb für zukünftige Anforderungen unterstützen." [26, S.1]

Das Ziel ist, das Stromnetz navigieren zu können, um die Auslastung zu optimieren. In Situationen mit einer starken Stromproduktion, wird für einen steigenden Stromverbrauch gesorgt und das Laden der Energie in den Speicher. Wenn schwächere Produktion auftritt, wird der Verbrauch zurückgesetzt und es wird aus dem Speicher entladen. [26]

3.3.1 Herausforderungen

Das Smart Grid trägt eine große Verantwortung, da es bei der Anwendung „die Gesamtheit aller zentralen und dezentralen Energiequellen und –senken sicher und zuverlässig miteinander verbinden" muss. [24, S.536] Zudem muss es sich darum kümmern, den aktuellen Energiebedarf und das Energieangebot zu messen. Steuermöglichkeiten für das Ein- und Ausschalten von Energieverbrauchern soll gewährleistet sein, ebenfalls muss die Nutzung der gespeicherten Energie abrufbar sein. Die verschiedenen Teilnehmer wie Kunden oder Service-Anbieter eines Smart Grids verfolgen ähnliche Ziele. „Für die Kunden ist die Vertraulichkeit der Verbrauchsdaten relevant, wohingegen eine hohe Verfügbarkeit, hohe Integrität, Aktualität und Vollständigkeit der Daten, die für das Lastmanagement benötigt werden, für die Netzbetreiber essentiell" ist. [24, S.536] Für die Steuerung der Energieübertragung werden vermehrt Supervisory Control and Data Acquisition (SCADA) Netze benutzt, welche im Smart Grid mit dem Internet verbunden werden und mit anderen Untersystemen verknüpft werden. Das hat zur Folge, dass geplante Angriffe auf SCADA-Netze entstehen können. Ebenfalls sind auch Sensoren, Zähler oder auch Energieerzeuger im Haushalt beispielsweise durch WLAN miteinander sowohl nach innen als auch nach außen verbunden. Letztlich würde dadurch ein bidirektionaler Datenverkehr möglich werden, was bedeuten würde, dass ein Fernzugriff über ein Informations- und Telekommunikations-Netz {IKT-Netz} auf einen Sensor geschehen könnte.

3.3.2 Risiken

Das Smart Grid ist eine empfindliche Infrastruktur, die besonders geschützt werden muss, da sie eine Angriffsebene für Hacker darstellt. [25] Je mehr das Smart Grid in das Eigenheim integriert ist, desto mehr steigt „die Verletzlichkeit und Verwundbarkeit durch gezielte Angriffe."[24, S.537] Gerade IKT Technologie stellt eine große Gefahr dar, weil sie sowohl als Tatgegenstand als auch Ziel von Hackern sein kann : „IKT wird zur Tatwaffe, wenn es gelingt, die IKT-Komponenten des Smart Grid gezielt so zu manipulieren, dass damit in die Abläufe eines Smart Grid eingegriffen werden kann." [24, S.537]

Die Angriffsfläche wird in 4 unterschiedliche Ebenen eingeteilt, Systemsoftware, Anwendungen, Netzwerke und Hardware. Da das Smart Grid viele Komponenten besitzt, die physisch leicht attackierbar sind, können Angriffe zur Manipulation von Hardware-Komponenten, beispielsweise Smart Meter, entstehen. Gerade die Systemsoftware kann einem enormen Angriff zu Grunde liegen, da hier nicht genügend Schutzmaßnahmen installiert sind. Angreifern würde es somit leicht gelingen, Daten auszulesen und zu manipulieren. Z.B. „durch gezielte Manipulation der Steuerungssoftware kann ein Angreifer zudem durch eingeschleustem Code das Verhalten der Komponenten beeinflussen." [24, S.537] Über den Systemdiensten werden die Anwendungen ausgeführt. Diese Anwendungen „bilden in klassischen, internetbasierten Systemen die größte Schwachstelle, indem über manipulierte Anwendungssystemsoftware das Zielsystem, auf dem die

Anwendung zur Ausführung kommt, gezielt angegriffen, gestört oder abgehört werden kann." [24, S.537]

Bei den Kommunikationsnetzen besteht das Problem, dass sie meistens bei Angriffen dafür genutzt werden, um Identitäten zu stehlen oder konkrete Netzbereiche z.b. durch Denial of Service Angriffe auszuschalten.

Zum Smart Grid gehört nicht nur die intelligente Weiterleitung von Strom, sondern auch eine effiziente Messung des Verbrauchs, was mit Hilfe von digitalen Stromzählern bzw. „Smart Meter" funktioniert. Diese Zähler melden nicht nur den Verbrauch, sondern erfassen gleichzeitig auch persönliche Daten. Aus diesem Grund warnte der Datenschutzbeauftragte Peter Hustinx vor solchen Methoden der Datensammlung durch digitale Zähler. Smart Meter haben die Möglichkeit, Daten so zu erfassen, dass man nach verfolgen könne, wann sich beispielsweise wie viele Menschen in einer Wohnung befinden, zu welcher Zeit eine Familie in den Urlaub reist oder sich bei der Arbeit aufhält. [24]

4 Praxisorientierte Umsetzung des Smart Homes

Dieses Kapitel startet mit dem Forschungsansatz des Living Labs, welches eine Art Übergang in die praxisnahe Umsetzung des Smart Homes liefern soll. Der Ansatz des Living Labs wird hier bezüglich ihrer Nutzereinbeziehung betrachtet, wie es in der Forschung aussieht und welchen Nutzen es auf dem Smart Home Markt haben könnte. [12,13,14,15,16,17]

Im weiteren Verlauf werden durchgeführte AAL Studien erörtert, um erkennen zu können, welche Folgen sich aus diesen Studien ergaben und wie die Realität der Nutzung von AAL-Technologien aussieht. [18,19,20,21,22,23]

4.1 Nutzerintegration durch Living Lab

Die Konzepte von Smart Home werden bisher größtenteils technisch verstanden, was dazu führt, dass der Mensch bzw. Nutzer an zweiter Stelle steht. Folglich erkennt man jedoch, je mehr Smart Home Konzepte die Theorie verlassen und reale Anwendungen in tatsächlichen Umgebungen werden, dass allein die technische Sichtweise nicht ausreicht, um erfolgreiche Produkte für die Zukunft zu entwickeln. Smart Home Systeme greifen stark in die Wohnökologien ein und verändern zudem bereits etablierte häusliche Praktiken. [12, 13]

Aktuell fehlt dieses Verständnis über Nutzungspraktiken auf dem Markt. Dieses fehlende Verständnis nun zu erlagen und Lösungen nutzerorientiert zu gestalten, befasst man sich mit dem Ansatz des Living Labs. [14] Living Labs „zeichnen sich durch Co-Creation Prozesse, langfristige Partizipation von Nutzern im Entwicklungsprozess, sowie den starken Bezug zum realweltlichen Nutzungskontext aus." [15, S.702] Trotz dieser Vorzüge von Living Lab werden sie aus nicht bekannten Gründen auf dem praxisorientierten Bereich kaum genutzt. [15]

4.1.1 Living Lab in der Forschung

Das MIT Media Lab ist der Vorgänger des Ansatzes von Living Lab. Ziel des Living Labs ist die Erforschung dynamischer Wechselwirkungen von Bedarfen bei der Aneignung neuer Technologien in realweltlichen Umgebungen. Im Living Lab tauschen sich verschiedene Akteure untereinander aus bzw. entwickeln experimentell Innovationen in einem offenem Prozess, die in realen Situationen verwendet und zuletzt evaluiert werden [16]

Living Lab stellt zudem passende Bedingungen bereit, um Nutzer sowohl in die Entwicklung als auch in die Gestaltung von neuen nutzungstauglichen Anwendungen einzubinden. Living Labs agieren dabei als realweltliche Testumgebung. Der Ansatz des Living Lab im Bereich Smart Home wurde in erster Linie für die Gestaltung nachhaltiger Innovationen verwendet. Dabei tragen sie auch zur Entwicklung von langfristigen Produktions- und Kosummustern bei. [27] Hierfür liegen auch verschiedene Beispiele vor. Eines wäre das EU-Projekt „BeAware", wo Eco-Feedback Konzepte erforscht worden sind. [17]

4.1.2 Living Lab als Service für das Geschäftsfeld

Um nun das Potential des Living Lab Konzepts für die praxisorientierte Umsetzung herauszufinden, sind elf Experteninterviews mit Vertretern unterschiedlicher Unternehmen durchgeführt worden. Der Smart Home Markt wird größtenteils durch diese Unternehmen abgedeckt. [15]

Mit Unterstützung eines teilstrukturierten Leitfadens wurden diese Interviews durchgeführt und dauerten zwischen 60 bis 120 Minuten. Im ersten Teil wurden Entwicklungsprozesse und Schnittstellen, bekannte Praktiken des Projektmanagements, die Handhabung mit Kundenfeedback und etablierte Usability und User Experience (UUX) im gewöhnlichen Unternehmensalltag besprochen. Im zweiten Teil wurde die Idee des Living Lab erklärt und speziell das Konzept „Living Lab as a Service" vorgestellt. Verdeutlicht wurde daraufhin, dass das Konzept als eine Art Kompetenznetzwerk fungiert, welches wichtige Akteuere im Bereich des Smart Homes (Softwareunternehmen, UUX-Agenturen, Stadtwerke etc.) miteinander vernetzt. Weiterhin ist eine Infrastruktur dargestellt worden, „welche sowohl ein Laborsetting und einen Showroom, als auch ein Nutzer-Pool und ein realweltliches Testbett umfasst, auf das zurückgegriffen werden kann." [15, S.704] Um das Konzept folglich wirklichkeitsnah darzustellen, wurde ein Szenario für die Vertreter entwickelt:

„Ein Smart Home-Anbieter ist in einer Online-Recherche darauf gestoßen, dass es ein Living Lab zu Smart Home gibt, welches als unabhängiger Berater tätig ist und eine Innovationsinfrastruktur für die Entwicklung und Evaluation von Konzepten und Produkten anbietet. Der Anbieter möchte sich über bestehende Produktlösungen im Markt informieren, das Wissen über die Kundenakzeptanz erweitern und erste Konzepte entwickeln, wie ein eigenes Smart Home-Produkt seinerseits aussehen könnte. Hierzu wird mit dem Living Lab-Anbieter ein Kundenverhältnis eingegangen, um die Beratungsangebote in Anspruch nehmen zu können. Die Angebote stellen einen Baukasten dar, dessen Module einzeln oder aber auch aufbauend aufeinander in Anspruch genommen werden können" [15, S.704]

Daraufhin wurde diskutiert, welche Vorteile sich dadurch aus Sicht der Unternehmen ergeben könnten. Am Ende wurden die ersten konkreten Dienstleistungen, „die vorab in einem offenen Prozess entworfen wurden, bezüglich der einzelnen Akteuere im Markt und der Positionierung der Dienstleistung im Entwicklungsprozess genauer erörtert." [15, S.704]

Die Interviews sind inhaltsbezogen ausgewertet worden und die genannten Anforderungen, Ideen und Wünsche wurden zusammengefasst. Die Ideen wurden erweitert, durch die in den Interviews erkannten und identifizierten Dienstleistungen. Im Folge dessen wurden diese möglichen Services getrennt analysiert, um feststellen zu können, welcher Mehrwert durch solch eine Dienstleistung generiert werden kann, wie die Gestaltung auszusehen hat, damit sie in Anspruch genommen wird und welche möglichen Probleme sich ergeben könnten.

Folglich wurden acht Bereiche (Zugriff auf ein Kompetenznetzwerk, Hersteller-neutraler Showroom, UUX Marketing und Geschäftsmodell Beratung, User Research und Design Visionen, Konzeptstudien, UUX und Technik Evaluation, UCD Prozessberatung) identifiziert, wie das Living Lab mit Hilfe passender Angebote Unternehmen verbessern kann, die sich im Smart Home Markt bewegen. Die jeweiligen Dienstleistungen sind alle modular aufgebaut und bilden theoretisch betrachtet eine Art Baukasten. Unternehmen können schließlich Angebote aus allen Bereichen beanspruchen, „um über die Marktsondierung, Konzeption, Umsetzung und Evaluationen den gesamten Produktlebenszyklus abzudecken." [15, S.705] Ebenfalls können Dienstleistungen auch einzeln beansprucht werden, damit nicht nur umfangreiche, sondern auch dünnere Services möglich sein sollen. [15]

4.2 Ambient Assisted Living in der Realität

Die Verbreitung von Smart Homes ist noch nicht so stark, wie erwünscht bzw. erwartet wird. Ebenfalls existieren wenige wissenschaftliche Studien zu Erfahrungen mit Smart Home Technologien bezüglich deren sozialpolitischen Effektivität und volkswirtschaftlichen Effizienz. Weiterhin wird in der Fachliteratur fehlendes Wissen darüber beklagt, welche Arten von AAL-Technologien für wen, unter welchen Umständen und Voraussetzungen und bis zu welchem Zeitpunkt gut funktionieren. [18]

4.2.1 Auswirkungen auf die Nutzung persönlicher Unterstützung

Die Autoren Buchinger und Schneider prüften im Bezug einer Makrosimulation der Kosten für Altenpflege in Österreich zwischen 2008 und 2030 mit Hilfe assistiven Technologien, Kosten zu reduzieren. Ihre Ergebnisse zeigten, dass durch die Nutzung eines Systems für Videomonitoring und der altersgerechten Adaptierung der Wohnungen pflegebedürftiger älterer Personen in der Pflegestufe 3 , Einsparungen von zwei Stunden in der Woche für mobile Pflege erreicht werden könnten. Folglich könnten die Pflegekosten pro Jahr um 6,1 Prozentpunkte für diese Gruppe sinken. Durch das Summieren dieses Wertes ergibt sich, dass durch den Einsatz der AAL-Technologien für Pflegebedürftige in der dritten Pflegestufe für den Zeitraum von 2008 bis 2030 schätzungsweise 231 Millionen Euro an Pflegekosten reduziert werden würden.

Hoenig, Taylor et al. erforschten mithilfe der Daten von 2.638 Personen aus dem National Long Term Care Survey 1994 in den USA, wie sich die Verwendung von technischen Assistenzsystemen sich auf die persönliche Unterstützung auswirkt. Nach der Analyse sind sie zum Ergebnis gekommen, dass Personen, die keine technische Assistenzsysteme nutzten, vier Stunden mehr Hilfe durch Dritte benötigten, als Personen, die AAL-Technologien in Anspruch nahmen. [20]

Mann, Ottenbacher et al. untersuchten in ihrer Studie, inwiefern assistive Technologien (AT) und Home Environmental Interventions (EI) die Pflegekosten senken und die Unabhängigkeit von älterer pflegebedürftiger Personen steigern. Für dieses Projekt wurden 104 zuhause lebenden Personen in New York in zwei Gruppen aufgeteilt. Die Personen der einen Gruppe konnten 18 Monate lang AAL-Technologien nutzen, der anderen Gruppe bzw. Kontrollgruppe wurden jedoch keine assistiven Technologien bereit gestellt. Alle Teilnehmer dieser Studie wurden immer nach sechs Monaten in ihrem eigenen Heim besucht, damit die jeweiligen Kosten und der Gesundheitszustand festgestellt werden konnte. Weiterhin sind alle Teilnehmer monatlich telefonisch kontaktiert worden, um mögliche neue Probleme oder Services, die entstanden, zu ermitteln und den Bedarf an weiteren AT- und EI-Services zu besprechen. Durch die Studie entstand das Ergebnis, dass funktionale Einschränkungen in beiden Gruppen der älteren Menschen bei der Bewältigung ihres gewöhnlichen Alltags zunahm, jedoch war die Verschlechterung bei der Kontrollgruppe deutlich größer. Ebenfalls waren die Pflegekosten bei der Gruppe mit AAL-Technologien geringer. [21]

4.2.2 Nutzung, Nutzerfreundlichkeit und Akzeptanz von AAL-Technologien

Eine der Studien, wo nun nicht mehr lediglich die potentielle Nutzung untersucht wird, sondern der Einsatz von AAL-Technologien real getestet wird, repräsentiert das Safety Assistants for the Elderly (S.A.F.E.) Projekt des Austrian Research Centers Seibersdorf GmbH. Für dieses Projekt wurden im November im Jahre 2006 vier Wohnungen, die sich in einem Seniorenwohnheim in Wien befinden, mit circa 30 Sensoren ausgestattet, um die Effektivität eines installierten Informations-, Kommunikations- und Notfallsystems zu testen, welches die Sicherheit und Autonomie älterer Personen erhöhen soll. Durch die Sensoren wurde aufgezeichnete Daten ausgewertet und dadurch konnten typische Verhaltensmuster abgeleitet werden. Falls es zu einer deutlichen Abweichung der Verhaltensmuster kam, ist ein Alarm ausgelöst worden. Teilnehmer dieses Projekts waren vier Frauen im Alter von 77 bis 87 Jahren. Durch Nutzung von Interviews und Gruppentreffen konnten die jeweiligen Bedürfnisse und Sorgen der Bewohnerinnen bezüglich des System erfasst werden. Die genutzten Unterstützungssysteme konnten starke positive Zufriedenheit vorweisen. Ausschlaggebend für die hohe Akzeptanz seitens der vier Nutzer waren die AAL-Technologien, welche halfen, einen Alltag zu realisieren, der ohne diese Technologien nicht möglich wäre. [22]

Die Autoren Meyer und Schulze evaluierten in ihrer Forschungsarbeit neun unterschiedliche Best-Practice Beispiele von Smart Home für Senioren innerhalb Deutschlands, wobei auch betreute Wohnanlagen unter ihnen waren (Kaiserslautern: Assisted Living, Krefeld: Smartes Service-Wohnen und Bochum: Smartes betreutes Wohnen). Sie bewerteten die Erfüllung der Anforderungen und Bedürfnisse der Bewohner, die Nutzung seitens der Bewohner und den Realisierungsgrad der technisch durchgeführten Installation für den Bewohner. Die Autoren führten für jedes Projekt mit sechs bis acht Experten und sieben bis 13 Bewohnern Interviews. Die Frage war, inwiefern innovative Wohnkonzepte ältere Personen bei der Alltagsbewältigung unter die Arme greifen können und so zur möglichen Wohnzufriedenheit beitragen kann. Davon abgesehen sind strukturierte Beobachtungen mit den Bewohnern durchgeführt wurden, damit eine Bewertung für die Nutzerfreundlichkeit erfolgen konnte. [23]

Besonders die AAL-Technologien, welche die Sicherheit der Bewohner steigerten z.B. durch Rauchmelder oder Einbruchmelder, erhielten große Akzeptanz. Ebenfalls bei Geräten mit leichter Handhabung war die Akzeptanz sehr hoch. Weiterhin war der Einsatz der assistiven Technik nur dann erwünscht, falls die Bewohner aufgrund individueller Einschränkungen erkannten, dass die Technik tatsächlich helfen kann. Jedoch ist deutlich, dass die Bewohner nicht allein wegen der technischen Ausstattung in die Wohnungen einzogen, sondern andere Aspekte wie die Lage oder die Barrierefreiheit ausschlaggebend waren. Zudem wurde analysiert, dass gerade Senioren mit einer zufriedenen Wohnsituation, ein positives Ergebnis über die AAL-Technologien zogen. [23]

5 Fazit

Zusammenfassend gesehen nehmen Smart Home Systeme eine immer wichtigere Rolle im Alltag an. Sowohl auf Unternehmensebene, als auch im privaten Bereich erkennen Menschen sukzessiv die Vorteile der neuen Technologie, wie im Abschnitt „Smart Home Living" illustriert wurde. Vorzugsweise werden diese Applikationen von Unternehmen genutzt, welche durch diese in ihrer Arbeit an Effizienz und Produktivität gewinnen. Ein Vorteil ist hier, dass diese oft mit routinierten Prozessen agieren und somit ein klar definiertes Produkt speziell für diese Unternehmen entwickelt werden kann. Auch private Haushalte fangen langsam an, Smart Home Systeme wertzuschätzen, diesen fehlt es im Kontrast zu Unternehmen allerdings an einer deutlichen, klar erkennbaren Struktur und folglich ist es diffizil, ein einheitliches Produkt zu entwickeln, welches die Bedürfnisse aller Beteiligten befriedigt. Im späteren Verlauf der Arbeit wurde diese problematische Thematik erneut aufgegriffen und die Erkenntnis gewonnen, dass mittels Umfragen, wie sie die Living Lab praktiziert, Schwierigkeiten leichter identifiziert werden können und durch Kooperation und Kommunikation mit den Kunden Unternehmen einen besseren Überblick über die komplexen Bedürfnisse erhalten können. Dieses Ziel sollten Smart Home-Entwickler in Zukunft öfter in Betracht ziehen, um ein besseres Produkt entwickeln zu können. Neben Unternehmen und privaten Haushalten wurde das Augenmerk im Kapitel „Ambient Assisted Living" auch auf die Gruppe „ältere und pflegebedürftige Menschen" gerichtet. Für diese sollen Smart Home Systeme vor allem den Alltag erleichtern und eine Alternative zum Altenheim darstellen. Zusätzlich können sie deutlich kostenschonender sein, als beispielsweise die Anschaffung eines Pflegers. Hier stehen die Smart Home Produzenten vor der Herausforderung, dass die neuen Technologien oft noch auf Ablehnung seitens der Senioren stoßen, da die Majorität dieser noch ein konservatives Denken repräsentiert. Im letzten Abschnitt wurde in der Studie durch Meyer und Schulze gezeigt, dass Senioren die Produkte schneller akzeptieren, sobald ihnen die Vorteile deutlich vor Augen geführt werden oder falls die Produkte leicht zu handhaben sind. Auch hier sollte dementsprechend der Fokus darin liegen, in Zukunft die Smart Home Applikationen für Senioren attraktiver zu gestalten, indem sie beispielsweise eine simple Bedienung offerieren.

Neben diesen psychologischen Aspekten wurden in dieser Arbeit auch die technischen Hintergründe dargestellt und der Fokus auf 3 verschiedene Systeme gelegt.

Zunächst wurden die technologischen Grundlagen offengelegt. Dabei wurden die Begriffe „Bussystem", „zentrale und dezentrale Systeme" näher erläutert und im Anschluss wurden die 3 Systeme „HomeMatic", „Z-Wave" und „Smart Grid" betrachtet.

Durch das Z-Wave System können Geräte verschiedener Hersteller aus beliebigen Bereichen der Hausautomation miteinander integriert und bedient werden. Hier bieten viele Hersteller kompatible Produkte an, so dass das Angebot deutlich breiter ist und der Kunde nicht beschränkt auf einen einzelnen Hersteller ist. Banal ausgedrückt handelt es sich um ein offenes System.

Das vorgestellte HomeMatic-System ist dahingegen ein proprietäres System. Proprietäre Funksysteme sind das geistige Eigentum eines einzelnen Anbieters. Hier ist der Kunde darauf angewiesen, dass „sein" Hersteller alles anbietet, was er benötigen könnte. Wiedermal liegt es in den Anforderungsaspekten des Nutzers, welches System vorzuziehen ist.

Wer eine höhere Sicherheit bevorzugt, muss mehr Geld investieren und ist abhängig von einem Anbieter wie beim HomeMatic deutlich wird. Wem ein gewisser Sicherheitsstandard genügt und unterschiedliche Geräte verschiedener Hersteller integrieren möchte, sollte sich für den Z-Wave entscheiden, wobei beide Systeme weiterhin andere jeweilige Vor- und Nachteile vorweisen können.

Im weiteren Verlauf der Seminararbeit wurde das Smart Grid näher betrachtet, welches ein intelligenter Stromzähler für das Smart Home ist. Das Smart Grid bezeichnet die Vernetzung der Stromerzeuger und Stromverbraucher untereinander, um über eine dezentrale Steuerung die Stromversorgung bzw. den Stromverbrauch zeitlich so gut wie möglich zu optimieren.

Der intelligente Stromzähler ist ein elementarer Bestandteil des Smart Homes, da gerade der Aspekt der Energieeinsparung einer der Hauptgründe für die Anschaffung des smarten Zuhauses ist.

Weiterhin hat das Smart Grid mit verschiedenen Risiken und Herausforderungen zu kämpfen. Einer der gefährlichsten Angriffe wäre das Hacken des Smart Meters, wodurch Angreifer den Stromverbrauch erfassen und so gegebenenfalls Einbrüche planen könnten, dann wenn kein Verbrauch vorhanden wäre, weil die Familie zum Beispiel verreist ist. Solche Gründe könnten potenzielle Kunden abschrecken und aufgrund dessen sollte viel Zeit in die Verbesserung der Sicherheit investiert werden.

In retrospektive gesehen sind Smart Home Systeme auf dem Weg, eine immer fundamentalere Rolle im Alltag anzunehmen. Zwar bestehen, wie oben dargestellt, noch diverse Probleme, wie die Vermarktung an die Kunden oder die mangelhafte Kenntnis über die Kundenbedürfnisse, aber diese können schnell bewältigt werden und sofern dies den Firmen gelingt, sind Smart Home Systeme aus unserem heutigen Alltagsleben nicht mehr wegzudenken.

6 Literaturverzeichnis

[1] STRESE, H., SEIDEL, U., KNAPE, T. und BOTTHOF, A. (2010): Smart Home in Deutschland. Untersuchung im Rahmen der wissenschaftlichen Begleitung zum Programm Next Generation Media (NGM) des Bundesministeriums für Wirtschaft und Technologie

[2] HEUSINGER, W. (2005): Das Intelligente Haus. Entwicklung und Bedeutung für die Lebensqualität. Frankfurt am Main: Peter Lang GmbH Europäischer Verlag der Wissenschaften.

[3] Leitner, G., M. Hitz und D. Ahlstrom: Applicability and Usability of Off-the-Shelf Smart Appliances in Tele-Care. In: AINAW '07: Pro- ceedings of the 21st International Conference on Advanced Information Networking and Applications Workshops, S. 881–886, Washington, DC, USA, 2007. IEEE Computer Society.

[4] Kidd, C. D., R. Orr, G. D. Abowd, C. G. Atkeson, I. A. Essa, B. MacIntyre, E. D. Mynatt, T. Starner und W. Newstetter: The Aware Home: A Living Laboratory for Ubiquitous Computing Re- search. In: CoBuild '99: Proceedings of the Second International Work- shop on Cooperative Buildings, Integrating Information, Organization, and Architecture, S. 191–198, London, UK, 1999. Springer-Verlag.

[5] Davidoff, S., M. K. Lee, C. Yiu, J. Zimmerman und A. K. Dey: Principles of Smart Home Control. In: Ubicomp, S. 19–34, 2006.

[6] Ringbauer, B., D. F. Heidmann und J. Biesterfeldt: When a house controls its master. Universal design for smart living environ- ments. In: Proceedings of 10th Int. Conf. on Human-Computer Interac- tion, Crete, Greece, 2003.

|7] Fisk, A. D. und W. A. Rogers: Psychology and Aging: Enhancing the Lives of an Aging Population. Current Directions in Psychological Science, 11:107–110(4), June 2002.

[8] FRIESDORF, W. und HEINE, A. (2007): sentha – seniorengerechte Technik im häuslichen Alltag. Ein Forschungsbericht mit integriertem Roman. Berlin/Heidelberg: Springer-Verlag Berlin Heidelberg.

[9] VEIT, J. und SCHMIDT, P. (2011): Gebäudetechnik. Erneuerbare Energien, Gebäudeautomation, Energieeffizienz. München/Heidelberg: Hüthig & Pflaum Verlag.

[10] ASCHENDORF , B. (2014): Energiemanagement durch Gebäudeautomation. Grundlagen, Technologien, Anwendungen. Wiesbaden: Springer Vieweg.

[11] Dr. Christian Pätz (2017) : Z-Wave, die Funktechnologie für das Smart Home Verlag: Books on Demand

[12] Schwartz, T., Denef, S., Stevens, G., Ramirez, L. Wulf, V. (2013) Cultivating energy literacy: results from a longitudinal Living Lab study of a home energy management system. In Proc. of CHI'13, 1193–1202.

[13] Schwartz, T., Stevens, G., Ramirez, L., Wulf, V.(2013) Uncovering practices of making energy con- sumption accountable: A phenomenological inquiry. In ACM Transactions on Computer-Human Interaction (TOCHI) 20 (2): 12.

[14] Eriksson, M., Niitamo, V.-P.,Kulkki, S. (2005) State-of-the-art in utilizing Living Labs approach to user- centric ICT innovation - a European approach . In Technology 1 (13): 1–13.

[15] Corinna Ogonowski, Timo Jakobi, G. Stevens, Johanna Meurer : Living Lab As A Service : Living Lab als Dienstleistungsbaukasten zur Nutzer-zentrierten Entwicklung und Evaluation

innovativer Smart Home Lösungen

[16] Følstad, A. (2008) Living Labs for innovation and development of information and communication technology: a literature review. In The Electronic Journal for Virtual Organizations and Networks 10 : 99–131.

[17] Spagnolli, A., Corradi, N., Gamberini, L., Hoggan, E., Jacucci, G., Katzeff, C., Broms, L., Jönsson,L. (2011). Eco-feedback on the go: Motivating energy awareness. In Computer 44 (5): 38–45.

[18] Blaschke, Christina M.; Freddolino, Paul P.; Mullen, Erin E. (2009): "Ageing and Technology: A Review of the Research Literature", in: British Journal of Social Work, 39. 641-656.

[19] Buchinger, Clemens; Schneider, Ulrike (2010): Projections of future long-term care expenditure in Austria (2008-2030) with special consideration of assistive technologies, in: Geyer, Gerda; Goebl, Reinhard; Zimmermann, Kerstin (Hrsg.): In: Innovative ICT Solutions for Older Persons – A New Understanding. . Wien.

[20] Hoenig, Helen; Taylor, Donald H.; Sloan, Frank A. (2003): "Does Assistive Technology Substitute for Personal Assistance Among the Disabled Elderly?", in: American Journal of Public Health, 93 (2). 330-337.

[21] Mann, William C.; Ottenbacher, Kenneth J.; Fraas, Linda; Tomita, Machiko; Granger, Carl V. (1999): "Effectiveness of Assistive Technology and Envrionmental Interventions in Maintaining Independence an Reducing Home Care Costs for the Frail Elderly. A Randomized Controlled Trial", in: Archives of Family Medicine, 8 (3). 210-217.

[22] Oppenauer, Claudia; Prazak-Aram, Barbara; Hochgatterer, Andreas; Kryspin-Exner, Ilse (2008): Psychologische Evaluation des "Safety Assistant for the Elderly", in: Maier, Edith; Roux, Pascale (Hrsg.): Seniorengerechte Schnittstellen zur Technik. Zusammenfasstung der Beiträge zum Usability Day VI. Lengerich: Pabst Science Publishers. 59-63.

[23] Meyer, Sibylle; Schulze, Eva (2010): Smart Home für ältere Menschen. Handbuch für die Praxis. Stuttgart.

[24[Eckert, Claudia; Krauß, Christoph (2011) : Sicherheit im Smart Grid

[25] Khu2010] H. Khurana, M. Hadley, N. Lu, D. A. Frinck, *Smart-Grid Security Issues*, IEEE Security and Privacy, Volume 8, Issue 1 (Janu- ary 2010), Pages: 81-85, 2010, ISSN 1540-7993

[26]https://www.strom.ch/fileadmin/user_upload/Dokumente_Bilder_neu/010_Downloads/ Basiswissen-Dokumente/24_Smart_Grid.pdf (letzter Zugriff : 17.08.17)

[27] Von Geibler, J., Erdmann,L., Liedtke, C., Rohn, H., Stabe, M., Berner, S., Jordan, N.D., Leismann, K., Schnalzer,K. (2013) Living Labs für nachhaltige Entwicklung: Potenziale einer Forschungsinfra- struktur zur Nutzerintegration in der Entwicklung von Produkten und Dienstleistungen.